Impressum
Verlag: BABADADA GmbH, Nedderfeld 112 , 22529 Hamburg
Geschäftsführer / Verlagsleitung: Harald Hof
Druck: Books on Demand GmbH, In de Tarpen 42, 22848 Norderstedt

Imprint
Publisher: BABADADA GmbH, Nedderfeld 112 , 22529 Hamburg, Germany
Managing Director / Publishing direction: Harald Hof
Print: Books on Demand GmbH, In de Tarpen 42, 22848 Norderstedt

學校

sekoly

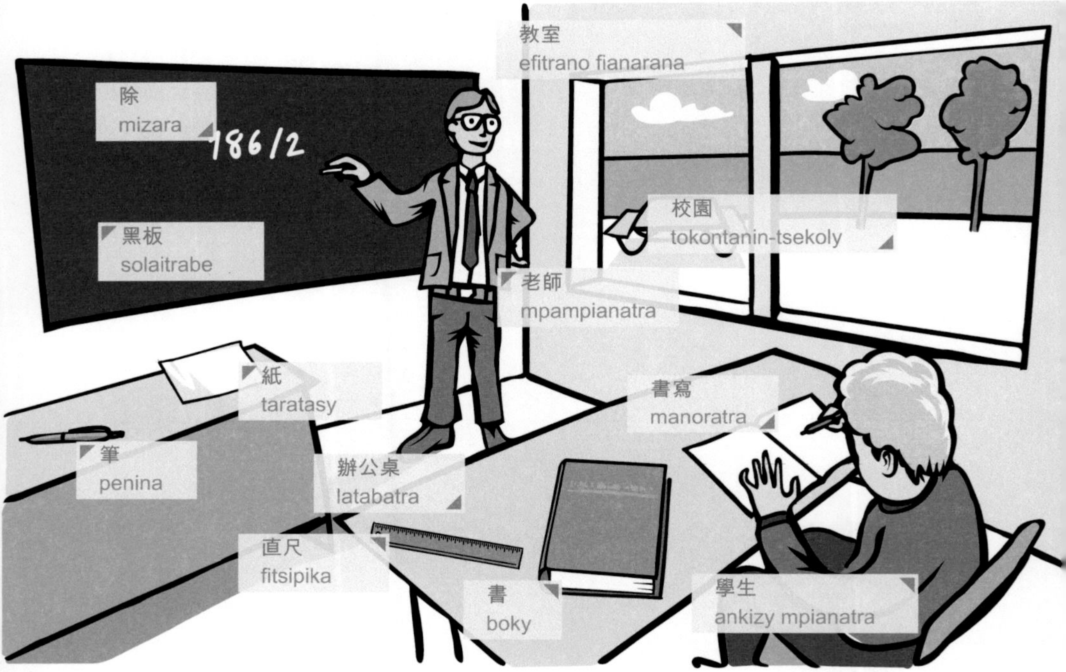
教室
efitrano fianarana
除
mizara
186/2
黑板
solaitrabe
校園
tokontanin-tsekoly
老師
mpampianatra
紙
taratasy
書寫
manoratra
筆
penina
辦公桌
latabatra
直尺
fitsipika
書
boky
學生
ankizy mpianatra

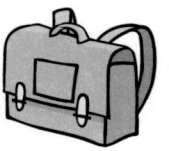

書包

kitapo

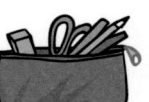

鉛筆盒

torosy

鉛筆

pensilihazo

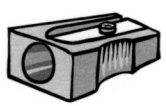

削鉛筆機

fandrangitana pensilihazo

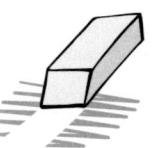

橡皮擦

gaoma

畫板

karne fanaovana sary

圖畫
sary

畫筆
borosy fandokoana

顏料盒
boaty loko

剪刀
hety

膠水
lakaoly

練習冊
kahie fampiasàna

家庭作業
enti-mody

數字
tarehi-marika

加
manampy

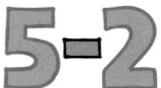

減
manala

乘
mampitombo

計算
mikajy

字母
taratasy

字母表
abidia

hello

字
teny

課文

lahatsoratra

讀

mamaky

粉筆

tsaoka

上課

lesona

登記

boky fianarana

考試

fanadinana

證書

sertifikà

校服

fanamian'ny mpianatra

教育

fiofanana

百科全書

raki-pahalalana

大學

oniversite

顯微鏡

mikraoskaopy

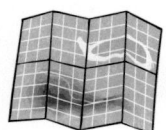

地圖

sarintany

廢紙簍

fanariana fako taratasy

旅行

fitsangatsanganana

Grand
飯店
hôtely
青年旅社
tranom-bahiny
ROOMS
EXCHANGE
外幣兌換處
toerana fanakalozana vola
手提箱
valizy
汽車
fiara

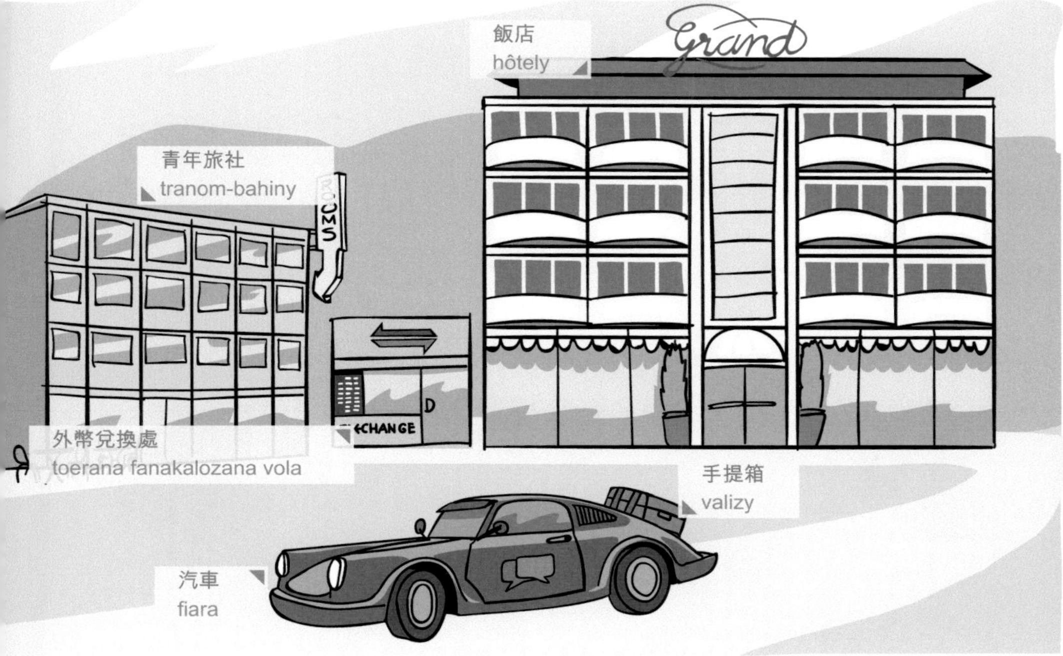

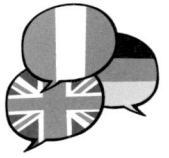

語言

fiteny

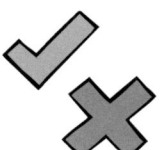

是/否

eny / tsia

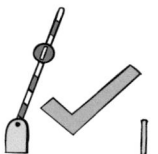

好的

Eny àry

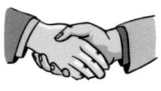

您好

salama

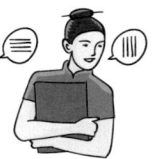

翻譯人員

mpandika teny

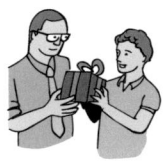

謝謝

Misaotra

……多少錢？

ohatrinona...?

我不明白

Tsy azoko izany

問題

olana

晚上好！

Salama ô!

早上好！

Arahaba tra-maraina e!

晚安！

Tsara mandry ô!

再見

veloma

方向

fitantanana

行李

entan'ny mpandeha

包

harona

背包

kitapo

客人

vahiny

房間

efitrano

睡袋

fandriana enti-tànana

帳篷

tanty

旅行資訊

birao miandraikitra ny
fizahantany

海灘

moron-tsiraka

信用卡

fahana amin'ny karatra

早餐

sakafo maraina

午餐

sakafo atoandro

晚餐

sakafo hariva

票

tapakila

電梯

ascenseur

郵票

hajia

邊界

tany manasaraka

海關

fadin-tseranana

大使館

ambasady

簽證

visa

護照

pasipaoro

交通運送

fitaterana

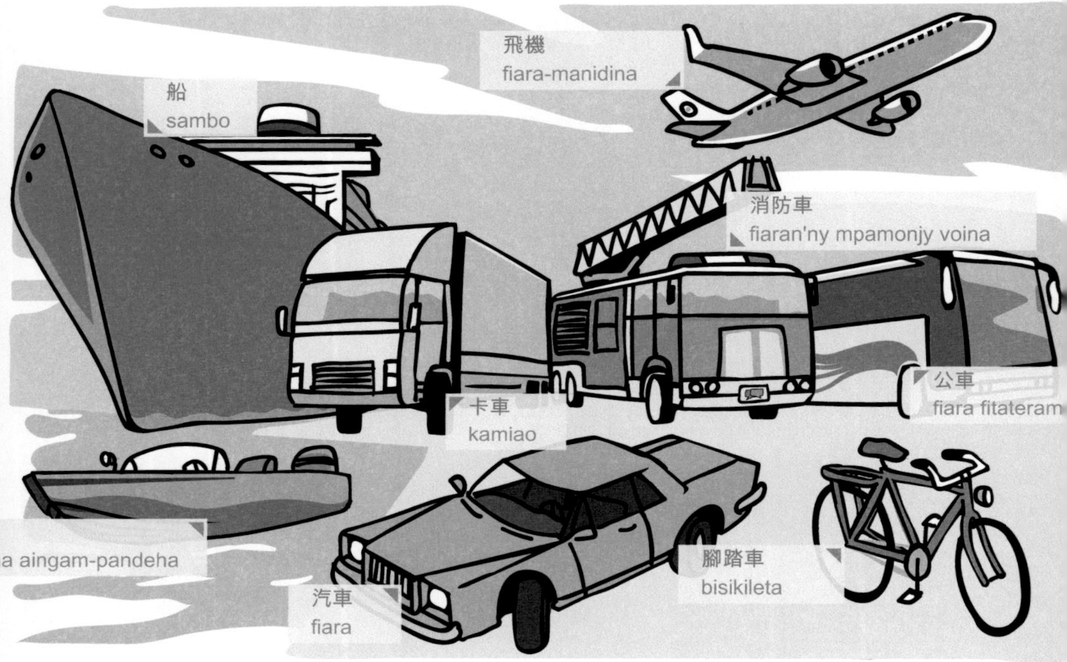

飛機
fiara-manidina
船
sambo
消防車
fiaran'ny mpamonjy voina
公車
fiara fitateram
卡車
kamiao
na aingam-pandeha
腳踏車
bisikileta
汽車
fiara

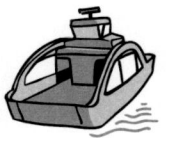

渡輪

sambobe

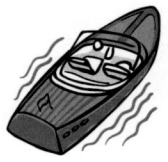

小船

sambo

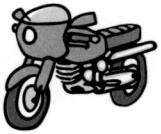

機車

môtô

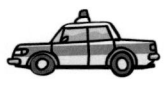

警車

fiaran'ny polisy

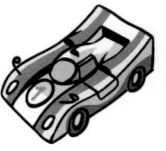

賽車

fiara mpihazakazaka

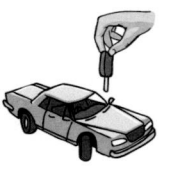

租車

fiara fanofa

拼車

zara fiara

拖車

fiara etsy babeko

垃圾車

fiara mpitatitra fako

馬達

môtera

汽油

solika

加油站

tobin-tsolika

交通標識

tondro fifamoivoizana

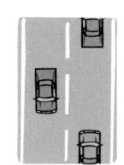

交通

fifamoivoizana

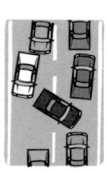

交通堵塞

fitohanan'ny fifamoivoizana

停車場

fitobian'ny fiara

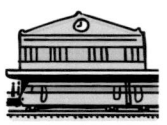

火車站

fiantsonan'ny fiaran-
dalamby

軌道

lalamby

火車

fiaran-dalamby

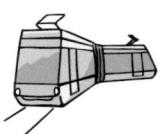

路面電車

tramway

客車廂

kalesy

直升機

angidimby

機場

seranam-piaramanidina

塔

tilikambo

乘客

mpandeha

集裝箱

kaontenera

紙板箱

baoritra

手推車

chariot

籃子

harona

起飛/降落

miainga / midina

城市
renivohitra

村莊

ambanivohitra

市中心

afovoan-tanàna

房子

trano

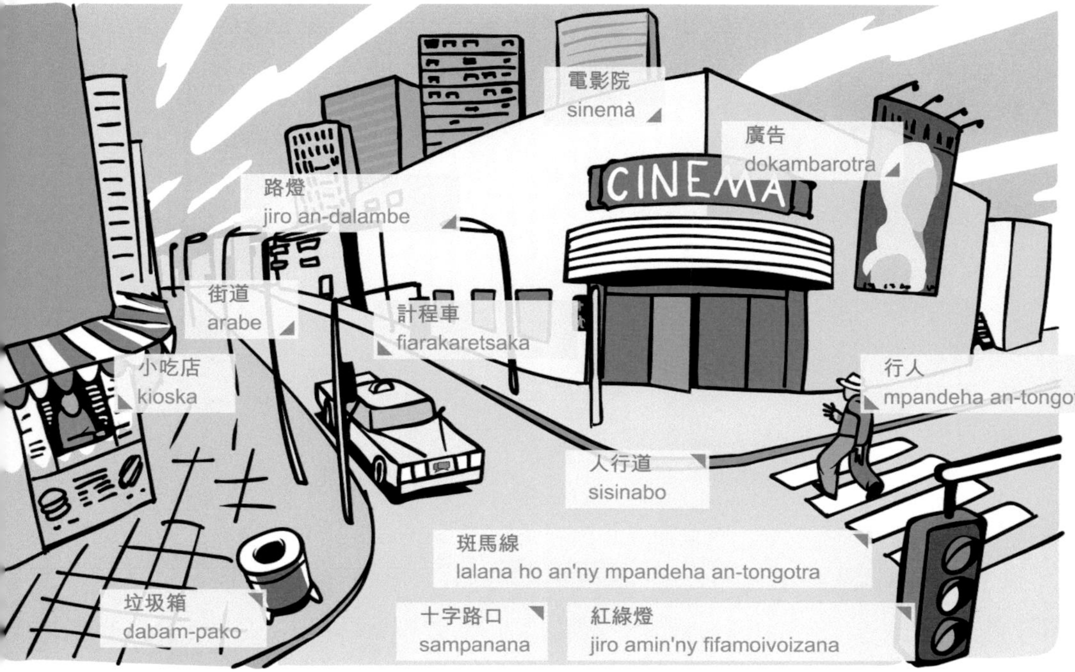

電影院
sinemà
廣告
dokambarotra
CINEMA
路燈
jiro an-dalambe
街道
arabe
計程車
fiarakaretsaka
小吃店
kioska
行人
mpandeha an-tongot
人行道
sisinabo
斑馬線
lalana ho an'ny mpandeha an-tongotra
垃圾箱
dabam-pako
十字路口
sampanana
紅綠燈
jiro amin'ny fifamoivoizana

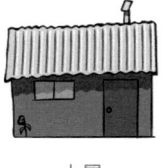

小屋

trano bongo

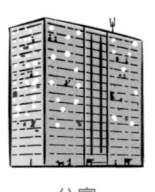

公寓

tranobe

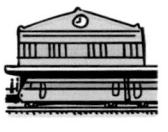

火車站

fiantsonan'ny fiaran-dalamby

市政廳

firaisana

MUSEUM

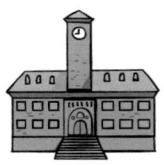

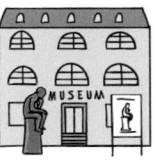

博物館

donia

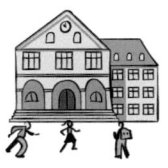

學校

sekoly

大學
oniversite

銀行
banky

醫院
hopitaly

飯店
hôtely

藥房
farmasia

辦公室
birao

書店
fivarotam-boky

商店
fivarotana

花店
mpivarotra voninkazo

超市
supermarché

市場
tsena

百貨商店
tranobe fivarotana

魚店
mpivarotra trondro

購物中心
toeram-pivarotana lehibe

海港
seranana

公園

valan-javaboary

長凳

latabatra

橋

tetezana

樓梯

totohatra

捷運

metrô

隧道

tonelina

公車站

fiantsonan'ny fiara
mpitondra olona

酒吧

bara

餐館

toeram-pisakafoanana

郵筒

boatin-taratasy paositra

路標

famantarana an-arabe

停車計時器

parcmètre

動物園

valan-javaboary

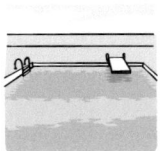

游泳池

dobo filomanosana

清真寺

moskea

農場

toeram-pambolena

污染

loto

墓地

fasana

教堂

trano fiangonana

操場

tokontany filalaovana

寺廟

tempoly

地形
endritany

樹葉
ravina

指示牌
tondro famantarana

路
làlana

草地
kijana

石頭
vato

樹
hazo

徒步旅行者
mpihani-bohitra

河
renirano

草
bozaka

花
voninkazo

峽谷
lemaka

丘陵
vohitra

湖
laka

森林
ala

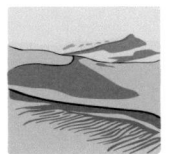

沙漠
tany hay

火山
volkano

城堡
rova

彩虹
avana

蘑菇
holatra

棕櫚樹
hazom-boanio

蚊子
moka

蒼蠅
lalitra

螞蟻
vitsika

蜜蜂
tantely

蜘蛛
hala

地形 - endritany   15

甲蟲

voangory

青蛙

sahona

松鼠

vontsira

刺蝟

trandraka

野兔

bitro

貓頭鷹

vorondolo

鳥

vorona

天鵝

gisabe

野豬

lambo

鹿

cerf

麋鹿

voalavo

水壩

toha-drano

風力發電機

helisy ahodin-drivotra

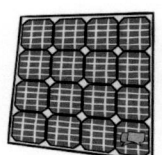

太陽能電池板

takela-masoandro

氣候

toetr'andro

餐館
toeram-pisakafoanana

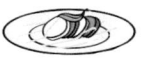

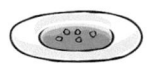

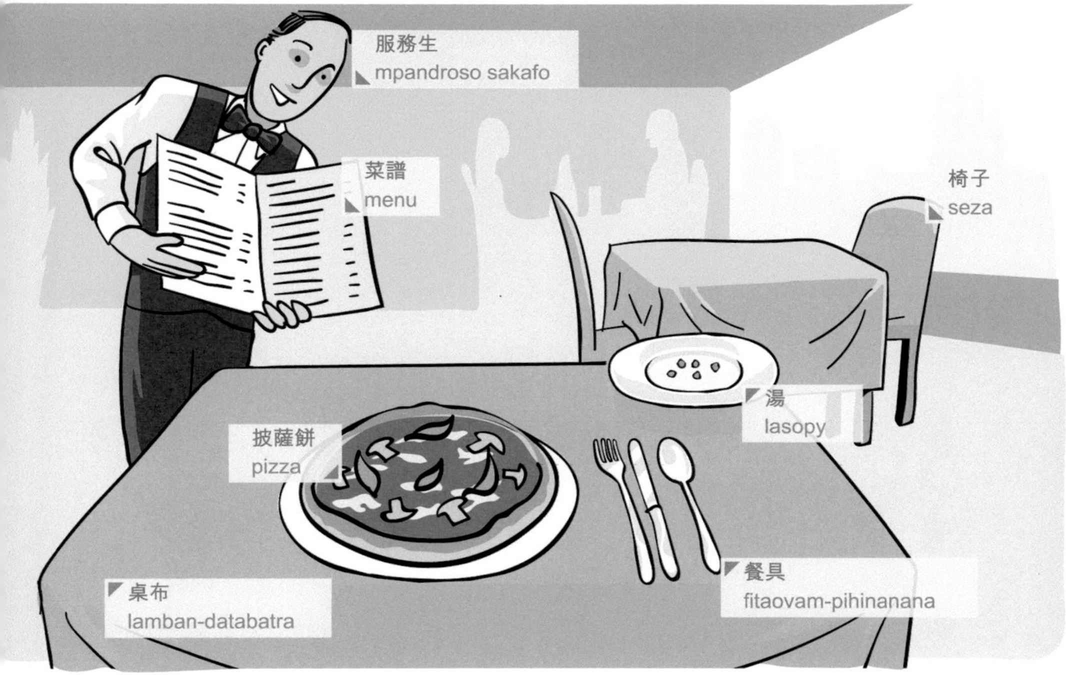
服務生
mpandroso sakafo
菜譜
menu
椅子
seza
湯
lasopy
披薩餅
pizza
餐具
fitaovam-pihinanana
桌布
lamban-databatra

前菜

entrée

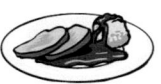

主菜

sakafo fototra

甜點

desera

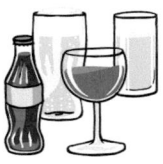

飲料

zava-pisotro

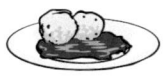

食物

sakafo

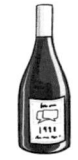

瓶子

tavoahangy

速食

fast food

街邊小吃

sakafo an-dalambe

茶壺

fitoerana dite

糖盒

fitoeran-tsiramamy

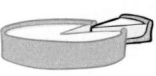

一份飯菜

singany

義式咖啡機

milina espresso

高腳椅

seza avo

帳單

faktiora

托盤

lovia fandrosoana sakafo

刀

antsy

餐叉

sotrorovitra

勺子

sotro

茶匙

sotrokely

餐巾

servieta

玻璃杯

vera

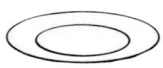

碟子
vilia

湯盤
vilian-dasopy

碟子
vilia bory

醬
saosy

鹽瓶
fitoeran-tsira

胡椒研磨罐
milina dipoavatra

醋
vinaingitra

食用油
solika

調味料
zava-manitra

番茄醬
ketchup

芥末
voan-tsinapy

美乃滋
maionezy

超市

supermarché

特價
fihenam-bidy
FOR
顧客
mpividy
乳製品
sakafo avy amin'ny ronono
水果
voankazo
購物車
chariot

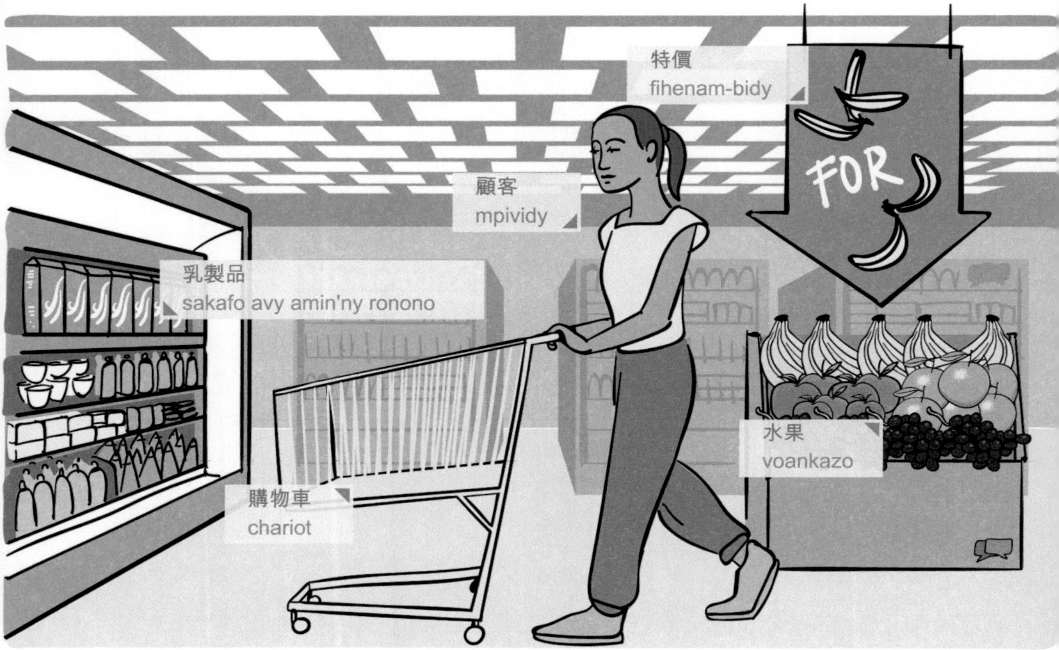

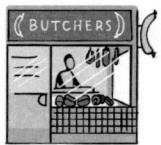

BUTCHERS

肉鋪

mpivaro-kena

BAKERY

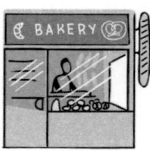

麵包店

mpivarotra mofo

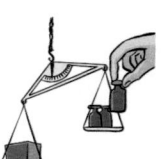

稱重

mandanja

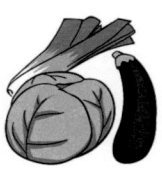

蔬菜

legioma

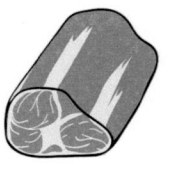

肉

hena

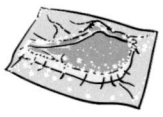

冷凍食品

sakafo nampangatsiahana

冷盤
hena voahendy

罐頭食品
sakafo am-by fotsy

洗衣粉
vovon-tsavony

甜食
vatomamy

日用品
fitaovana an-tokatrano

清潔用品
fitaovana fanadiovana

銷售員
mpivarotra

收銀機
toerana fandoavam-bola

收銀員
mpandray vola

購物清單
lisitry ny zavatra vidiana

開放時間
ora fiasana

錢包
portefeuille

信用卡
fahana amin'ny karatra

袋子
harona

塑膠袋
harona plastika

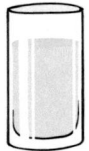

水

rano

果汁

ranom-boankazo

牛奶

ronono

可樂

coca

紅酒

divay

啤酒

labiera

酒

toaka

可可

sôkôlà mafana

茶

dite

咖啡

kafe

義式濃縮咖啡

espresso

卡布奇諾

cappuccino

香蕉

akondro

蘋果

paoma

柳丁

laoranjy

西瓜

voatango

檸檬

voasarimakirana

胡蘿蔔

karaoty

大蒜

tongolo gasy

竹子

volobe

洋蔥

tongolo

蘑菇

holatra

堅果

voamaina

麵條

paty

義大利麵

spaghetti

米飯

vary

沙拉

salady

薯條

ovy frity

炸馬鈴薯

ovy voaendy

披薩餅

pizza

漢堡

hamburger

三明治

sandwich

炸豬排

didin-kena

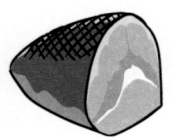

火腿

lambo sira

義大利臘腸

salami

香腸

saosisy

雞肉

akoho

烤肉

hena mendy

魚

trondro

燕麥片

varin-tsoavaly

木斯里

muesli

玉米片

cornflakes

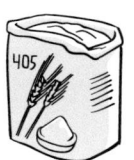

麵粉

lafarinina

牛角麵包

croissant

麵包捲

mofodipaina kely

麵包

mofo

吐司

mofo natono

餅乾

bisky

奶油

dobera

凝乳

fromazy fotsy

蛋糕

mofomamy

蛋

atody

煎蛋

atody nendasina

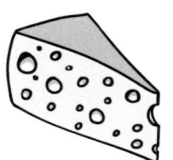

起司

fromazy

冰淇淋

lagilasy

糖

siramamy

蜂蜜

tantely

果醬

kaonfitira

巧克力醬

crème nougat

咖哩

curry

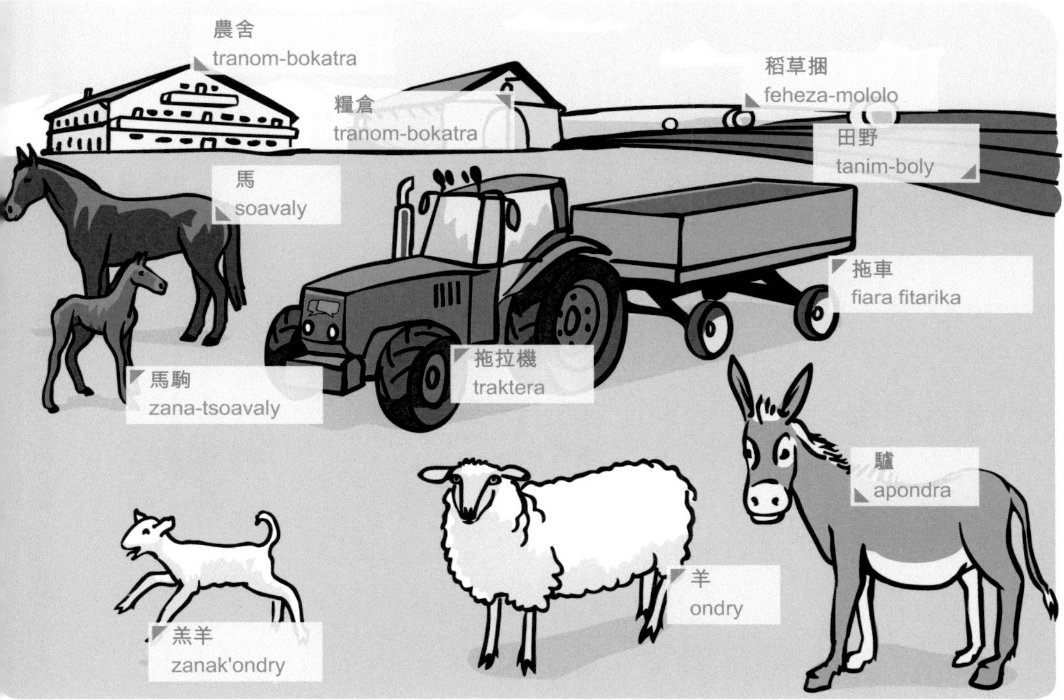

農舍
tranom-bokatra

糧倉
tranom-bokatra

稻草捆
feheza-mololo

田野
tanim-boly

馬
soavaly

拖車
fiara fitarika

拖拉機
traktera

馬駒
zana-tsoavaly

驢
apondra

羊
ondry

羔羊
zanak'ondry

山羊

osy

奶牛

omby vavy

小牛

omby

豬

kisoa

小豬

zana-kisoa

公牛

omby

鵝

gisa

鴨

gana

小雞

zanak'akoho

母雞

akoho vavy

公雞

akoho lahy

鼠

voalavo

貓

saka

老鼠

voalavo tondro

牛

omby

狗

alika

狗屋

tranon'alika

花園澆水軟管

fantsona fanondrahana rano

澆水壺

fanondrahana

長柄大鐮刀

antsy biloka

犁

angadin'omby

鐮刀

antsim-bilona

鋤頭

antsetra

長柄草耙

farango vy

斧頭

famaky

獨輪手推車

borety

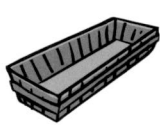

飼料槽

dababe

牛奶罐

boatin-dronono

麻布袋

harona

柵欄

fefy

馬廄

tranom-biby

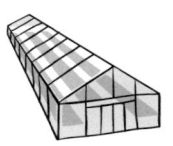

溫室

talatalan-jaridaina

土壤

tany

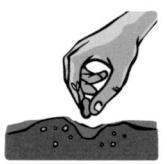

種子

ambeoka

肥料

zezika

聯合收割機

milina mpijinja vokatra

收割

vokatra

收割

vokatra

地瓜

saonjo

小麥

varimbazaha

大豆

saozaha

土豆

ovy

玉米

katsaka

油菜籽

colza

果樹

hazo fihinam-boa

樹薯

mangahazo

穀物

voamadinika

房子

trano

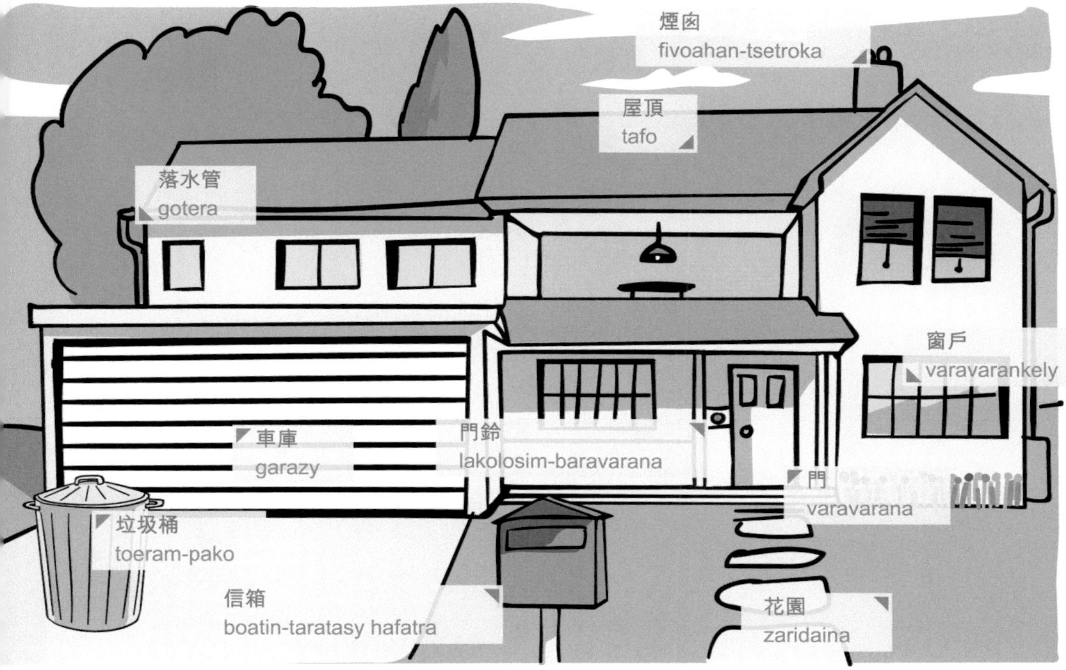

煙囪
fivoahan-tsetroka
屋頂
tafo
落水管
gotera
窗戶
varavarankely
車庫
garazy
門鈴
lakolosim-baravarana
門
varavarana
垃圾桶
toeram-pako
信箱
boatin-taratasy hafatra
花園
zaridaina

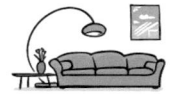

客廳

efitra fandraisam-bahiny

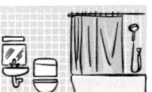

浴室

efitra fandroana

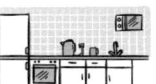

廚房

lakozia

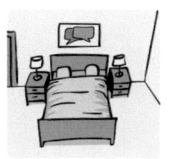

臥室

efitra fatoriana

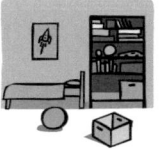

兒童房

efitranon'ny ankizy

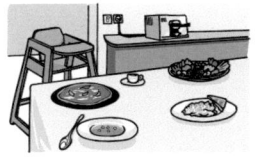

餐廳

efi-trano fisakafoanana

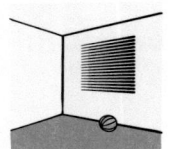

地板

tany

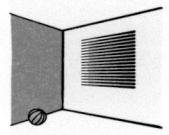

牆壁

rindrina

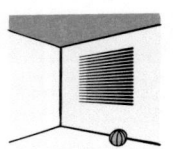

天花板

valindrihana

地窖

lakavy

三溫暖

sauna

陽臺

tsimahalavo

露臺

lavarangana

游泳池

dobo filomanosana

割草機

mpanapaka bozaka

被單

lambam-pandriana

床罩

koety

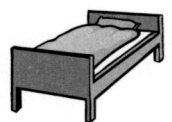

床

fandriana

掃帚

kifafa

水桶

sô

開關

interrupteur

客廳

efitra fandraisam-bahiny

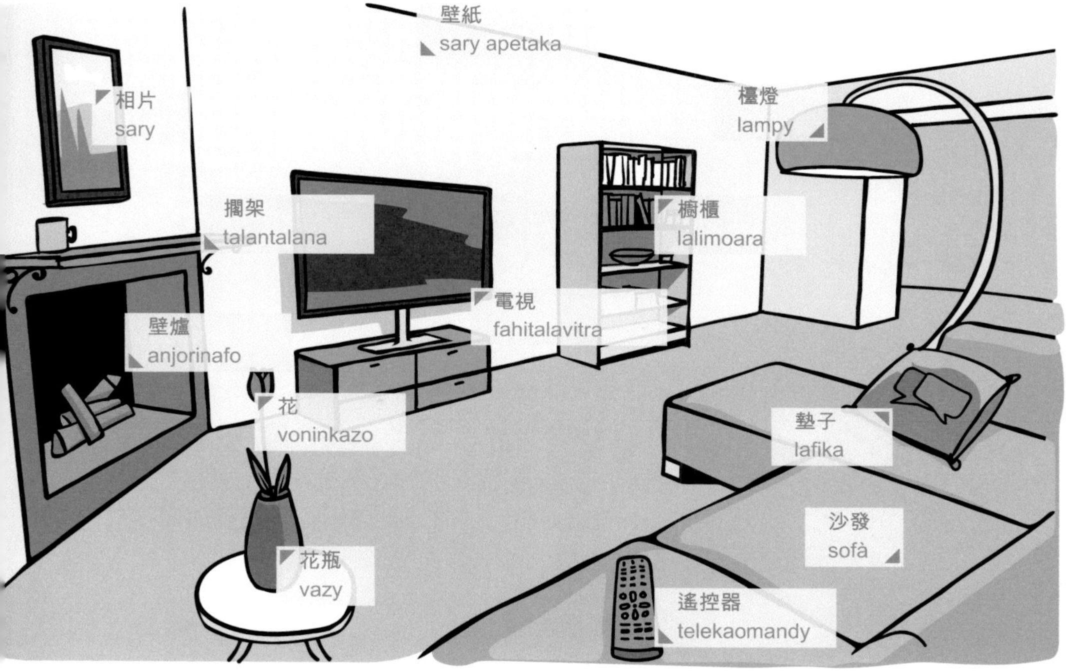

壁紙
sary apetaka
相片
sary
檯燈
lampy
擱架
talantalana
櫥櫃
lalimoara
電視
fahitalavitra
壁爐
anjorinafo
花
voninkazo
墊子
lafika
沙發
sofà
花瓶
vazy
遙控器
telekaomandy

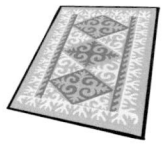

地毯

tapis

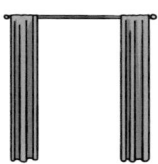

窗簾

takom-baravarana

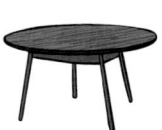

餐桌

latabatra

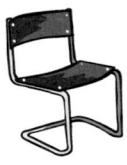

椅子

seza

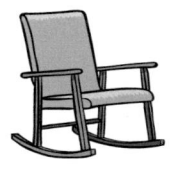

搖椅

seza savily

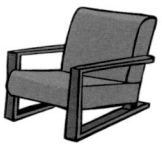

扶手椅

seza mihaja

書
boky

毯子
lamba firakotra

裝飾品
asa fandravahana

木柴
hazo fandrehitra

電影
horonantsary

高傳真音響
fitaovana hi-fi

鑰匙
fanalahidy

報紙
gazety

油畫
loko

海報
sary famantarana

收音機
radio

筆記本
kahie fanao tadidy

吸塵器
aspiratera

仙人掌
raketa

蠟燭
labozia

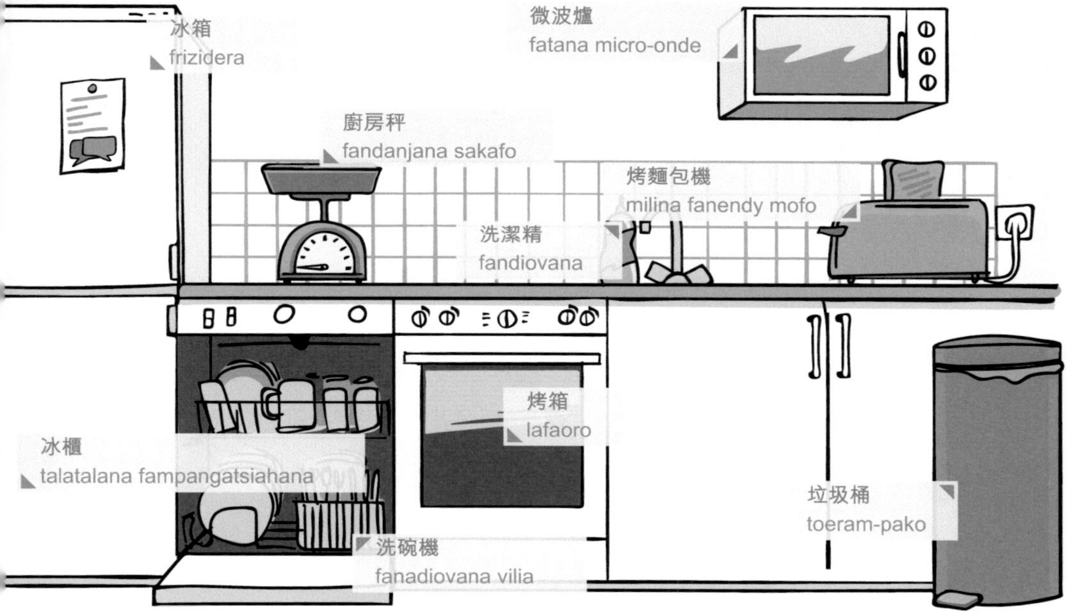

冰箱
frizidera

微波爐
fatana micro-onde

廚房秤
fandanjana sakafo

烤麵包機
milina fanendy mofo

洗潔精
fandiovana

冰櫃
talatalana fampangatsiahana

烤箱
lafaoro

垃圾桶
toeram-pako

洗碗機
fanadiovana vilia

炊具

lafaoro

鍋

vilany

鑄鐵鍋

vilany vy

炒鍋

wok / kadai

平底鍋

lapoaly

水壺

fitaovana fampangotrahana
rano

蒸鍋

vilany mandeha entona

烤盤

lovia fisaka

陶瓷鍋

fitaovan-dakozia

馬克杯

zinga

碗

vilia baolina

筷子

hazokely fihinanana

長柄勺

sotrobe lavatango

鏟子

spatule

攪拌器

fanakapohana atody

濾網

fanatantavanana

篩子

lovia sivana

磨碎機

fanakikisana

研缽

laona

燒烤

kiendiendy

明火

fivoahan'ny setroka

菜板
akalana fitetehana

擀麵杖
kodia fandamàna koba

開瓶器
fisontonana bosoa

罐子
boaty

開罐器
fanokafana boaty

隔熱手套
fitazomana vilany

水槽
lavabô

刷子
borosy

海綿
spaonjy

攪拌機
miksera

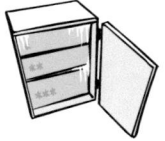

冷藏箱
fitaovana fampangatsiahana

奶瓶
tavoahanginono

水龍頭
paompy

浴室

efitra fandroana

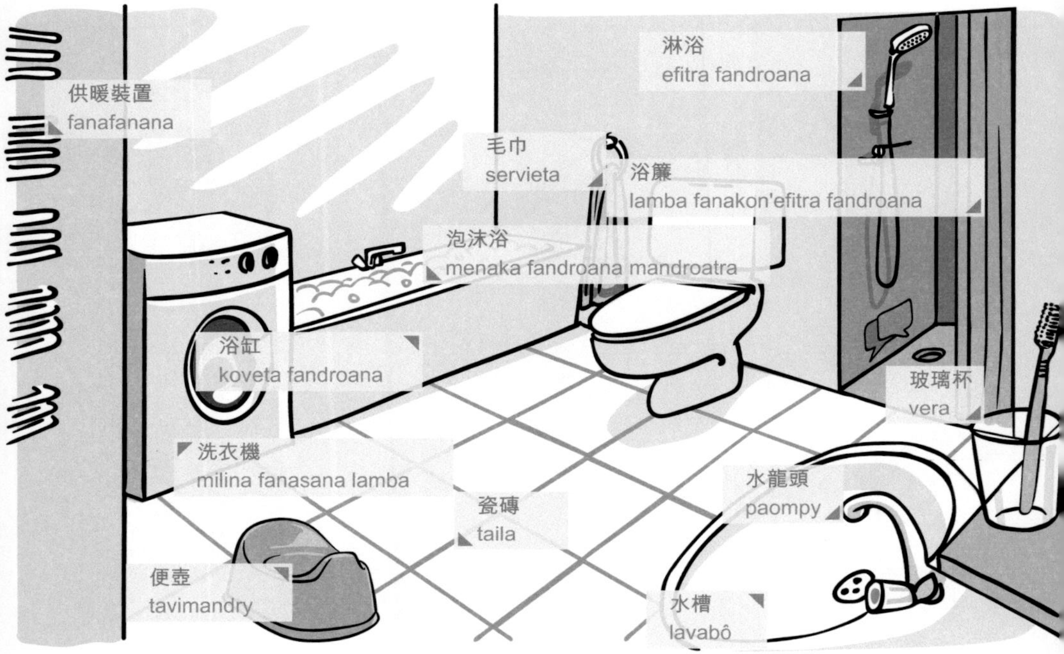

供暖裝置
fanafanana

淋浴
efitra fandroana

毛巾
servieta

浴簾
lamba fanakon'efitra fandroana

泡沫浴
menaka fandroana mandroatra

浴缸
koveta fandroana

玻璃杯
vera

洗衣機
milina fanasana lamba

水龍頭
paompy

瓷磚
taila

便壺
tavimandry

水槽
lavabô

廁所
efitrano fidiovana

蹲便器
kabone mitsingo

坐浴器
bidet

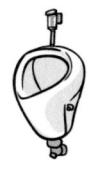

小便斗
fipipizana

廁紙
taratasy fidiovana

馬桶刷
borosy fampiasa an-kabone

牙刷
borosinify

牙膏
famotsia-nify

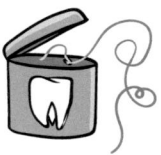

牙線
kofehy fanadiova-nify

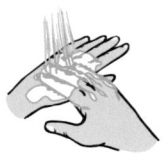

洗
manasa

手持式蓮蓬頭
fisaika enti-tànana

沖洗器
fanadiovana fivaviana

洗臉盆
kovetabe

洗背刷
borosin-damosina

肥皂
savony

沐浴露
gel fampiasa rehefa misaika

洗髮乳
shampoo

法蘭絨
fonon-tànana enti-misaika

排水
tsiranoka

乳霜
crème fanosotra

除臭劑
fanalana fofona

鏡子

fitaratra

手鏡

fitaratra fihaingo

刮鬍刀

hareza

刮鬍泡沫

raotra fiharatra

鬚後水

menaka haratra

梳子

fiogo

刷子

borosy

吹風機

fitaovana fanamainam-bolo

噴髮定型劑

atsifotra amin'ny volo

化妝品

fikarakarana tarehy

唇膏

lokomena

指甲油

haingo hoho

化妝棉

vohavohan-dandihazo

指甲剪

fanapahana hoho

香水

ranomanitra

洗漱包

fitoerana fitaovana an-kabone

凳子

sezabory

計重秤

fandanjana olona

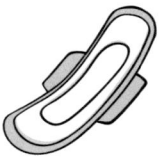

浴袍

akanjo enti-matory

橡膠手套

fonon-tànana enti-manadio

衛生棉條

servieta fanary

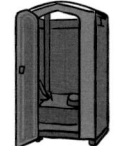

衛生棉

lamba fampiasa amin'ny fadimbolana

化學廁所

kabone simika

兒童房

efitranon'ny ankizy

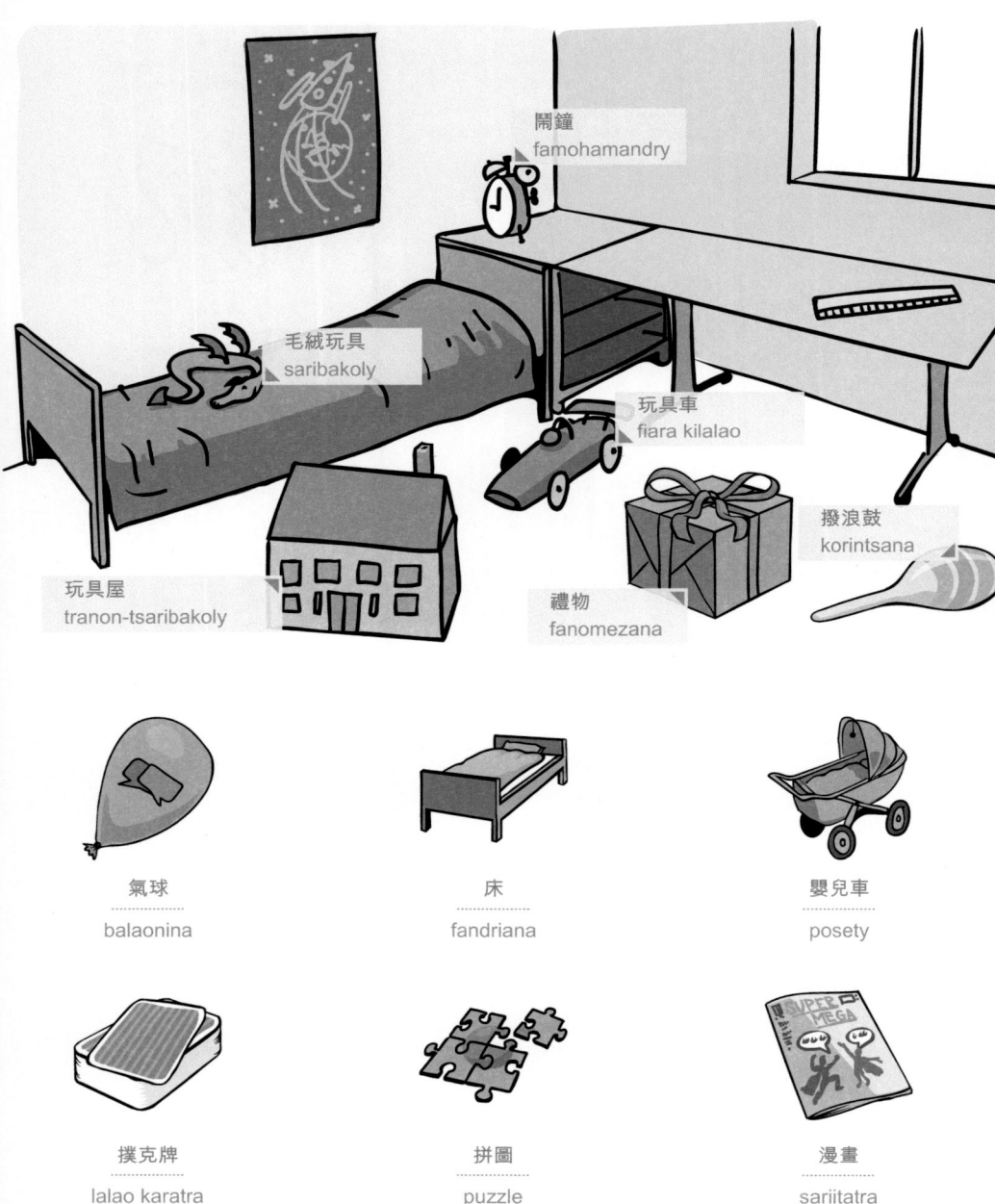

鬧鐘
famohamandry

毛絨玩具
saribakoly

玩具車
fiara kilalao

玩具屋
tranon-tsaribakoly

禮物
fanomezana

撥浪鼓
korintsana

氣球
balaonina

床
fandriana

嬰兒車
posety

撲克牌
lalao karatra

拼圖
puzzle

漫畫
sariitatra

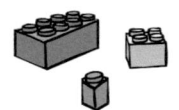

樂高積木

lalao legô

積木玩具

kilalao fananganana trano

公仔

sarivongana kely

嬰兒服

grenera

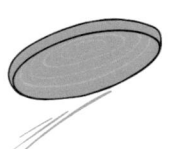

飛盤

Frisbee

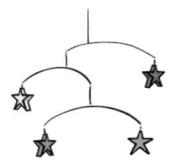

床鈴玩具

mobile

棋盤遊戲

jeu de société

骰子

kodiakely

火車模型

lamasinina kely

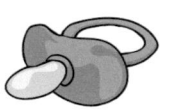

安撫奶嘴

solonono

派對

fety

繪本

boky feno sary

球

baolina

洋娃娃

saribakoly

玩

milalao

沙坑

kovetam-pasika

鞦韆

savily

玩具

kilalao

電玩遊戲

kilalao video

三輪車

tricycle

泰迪熊

teddy orsa

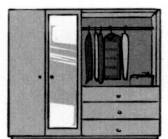

衣櫃

fitoeran'akanjo

衣服

akanjo

襪子

bà kiraro

長襪

bàn-tongotra

緊身褲

akanjo manara-batana

圍巾
foloara

皮帶
fehin-kibo

雨傘
elo

T恤
t-shirt

運動鞋
kiraro tenisy

靴子
baoty

拖鞋
kapa fitondra an-trano

涼鞋
kapa

鞋
kiraro

雨靴
baoty fingotra

內褲
atinakanjo

胸罩
tatinono

背心
akanjo feno

衣服 - akanjo

45

身體
vatana

褲子
pataloha

牛仔褲
jean

短裙
zipo

女式襯衫
akanjo ambony

襯衫
lobaka

套頭衫
pull

連帽上衣
akanjo sarotro

西裝夾克
palitao

夾克
palitao

外套
palitao

雨衣
akanjo aro-orana

套裝
akanjo fianjaika

連衣裙
fitafim-behivavy

婚紗
akanjon'ny ampakarina

西裝

akanjo fianjaika

睡袍

akanjo-mandry

睡衣

pijamà

莎麗

sari

頭巾

sarondoha

包頭巾

turban

波卡

burqa

卡夫坦

kaftan

(阿拉伯式)長袍

abaya

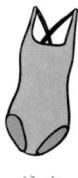

泳衣

akanjo fitondra milomano

男式泳褲

akanjo fitondra milomano

短褲

pataloha fohy

運動服

akanjo fitena

圍裙

tablie

手套

fonon-tànana

鈕扣

bokotra

眼鏡

solomaso

手鏈

brasele

項鍊

rojo

戒指

peratra

耳環

kavina

便帽

satroka

衣架

fanantonana palitao

帽子

satroka

領帶

fehivozo

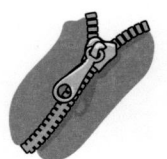

拉鍊

hidikorisa

安全帽

aroloha

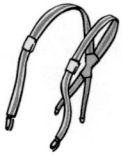

背帶

beritelo

校服

fanamian'ny mpianatra

制服

fanamiana

圍兜

bavoara

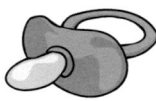

安撫奶嘴

solonono

尿布

taty

辦公室

birao

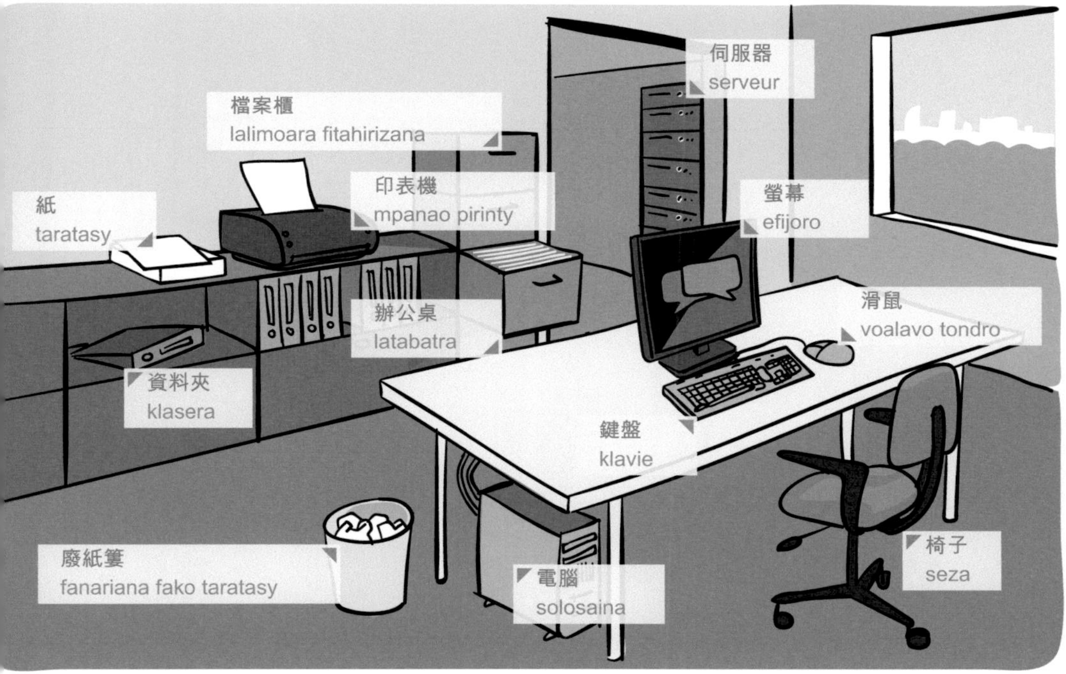

伺服器
serveur

檔案櫃
lalimoara fitahirizana

印表機
mpanao pirinty

螢幕
efijoro

紙
taratasy

辦公桌
latabatra

滑鼠
voalavo tondro

資料夾
klasera

鍵盤
klavie

椅子
seza

廢紙簍
fanariana fako taratasy

電腦
solosaina

咖啡杯

kaopin-kafe

計算機

mpikajy

網際網路

aterineto

筆記型電腦

solosaina maivana

信件

taratasy

簡訊

hafatra

行動電話

mobile

網路

tambajotra

影印機

imprimante

軟體

rindrambaiko

電話

finday

插座

prizy

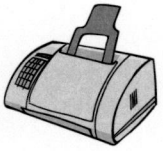

傳真機

fax

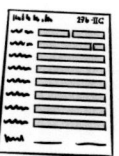

表格

efitra fenoina

檔案

fehezan-taratasy

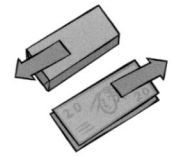

買

mividy

付錢

mandoa vola

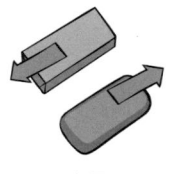

交易

misera

現金

vola

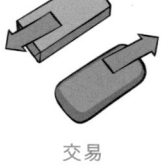

美元

dôlara

歐元

euro

日元

yen

盧布

rouble

瑞士法郎

Franc suisse

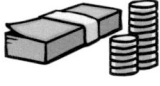

人民幣

renminbi yuan

盧比

roupie

提款處

fangalàna vola

外幣兌換處

toerana fanakalozana vola

金

volamena

銀

volafotsy

石油

solika

能源

angovo

價格

vidiny

合約

fifanekena

稅金

hetra

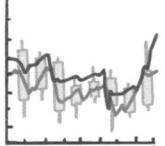

股票

action borsa

工作

miasa

職員

mpiasa

老闆

mpampiasa

工廠

orinasa

商店

fivarotana

警官
mpitandro filaminana

消防員
mpamonjy voina

廚師
mahandro

醫師
dokotera

飛行員
mpanamory

園丁

mpikarakara zaridaina

木匠

mpandrafitra

裁縫

vehivavy mpanjaitra

法官

mpitsara

化學家

mpahay simia

演員

mpilalao sarimihetsika

公車司機

mpamily fiara fitateram-
bahoaka

計程車司機

mpamily fiarakaretsaka

漁夫

mpanjono

清洗女工

vehivavy mpanadio

屋頂工

mpanao tafo

服務生

mpandroso sakafo

獵人

mpihaza

畫家

mpandoko

麵包師

mpanao mofo

電工

elektrisianina

建築工人

mpanao trano

工程師

injeniera

屠夫

mivaro-kena

水管工

plombier

郵差

faktera

士兵

miaramila

建築師

mpanao mari-trano

收銀員

mpandray vola

花農

mpivarotra voninkazo

理髮師

mpanao volo

售票員

mpizara tapakila

機械技師

mpahay mekanika

船長

kapiteny

牙醫

mpitsabo nify

科學家

siantifika

拉比

raby

伊瑪目

imam

和尚

moanina

牧師

pretra

工具

fitaovana

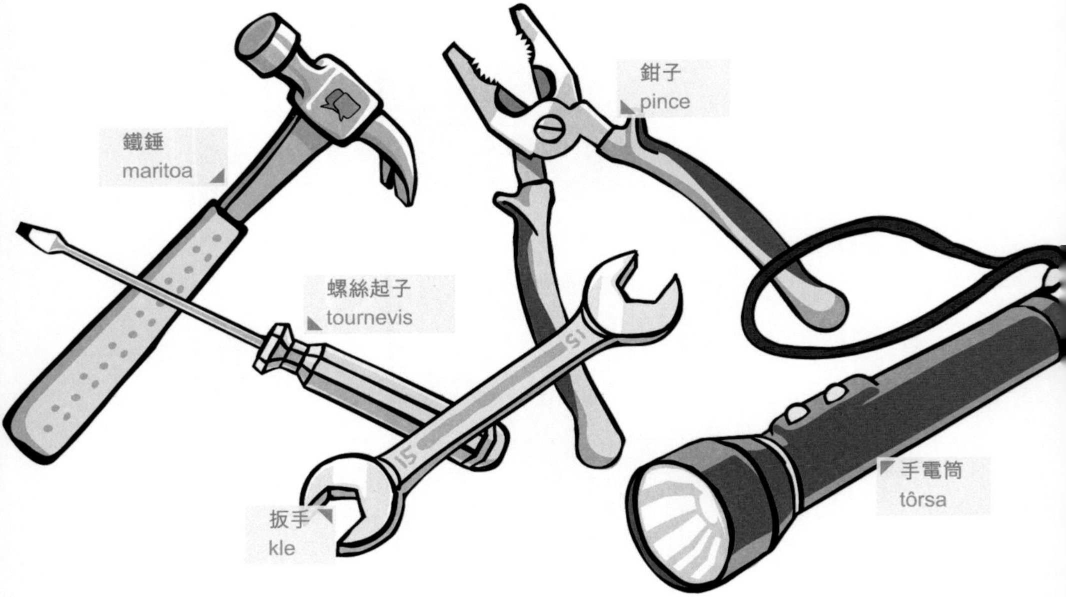

鐵錘
maritoa
鉗子
pince
螺絲起子
tournevis
扳手
kle
手電筒
tôrsa

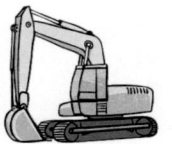

挖掘機

pelleteuse

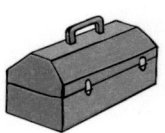

工具箱

boaty fanisy fitaovana

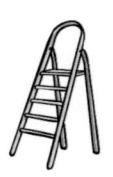

梯子

tohatra

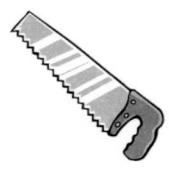

鋸子

tsofa

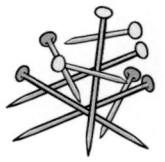

釘子

fantsika

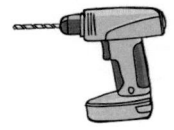

鑽機

perceuse

修

manarina

鏟子

lapela

糟糕！

Kyy!

畚箕

angadim-pako

油漆桶

boatin-doko

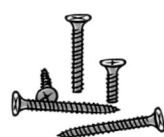

螺絲

visy

樂器

zava-maneno

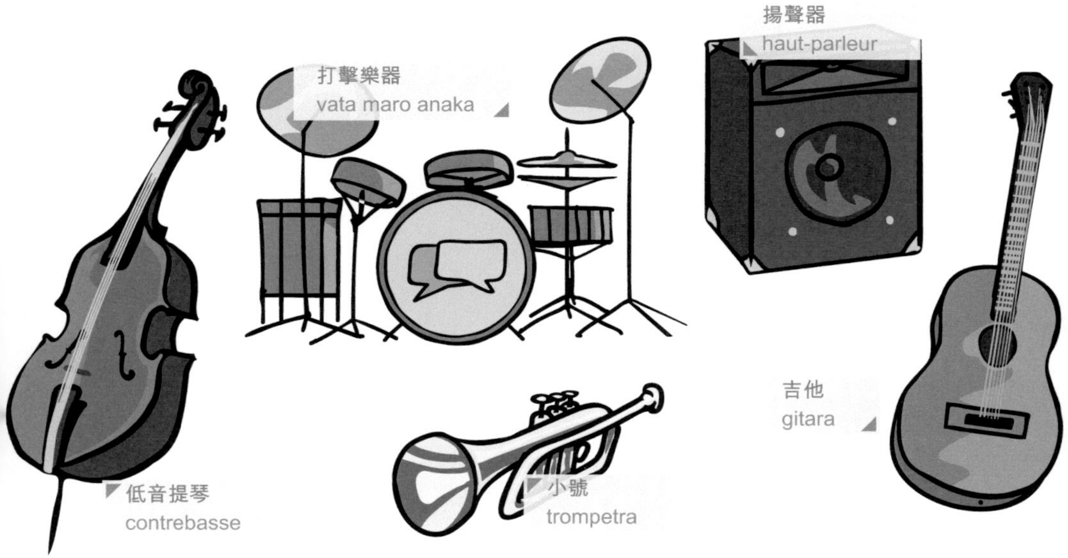

揚聲器
haut-parleur

打擊樂器
vata maro anaka

低音提琴
contrebasse

小號
trompetra

吉他
gitara

鋼琴

vata maro afitsoka

小提琴

lokanga

貝斯

basse

定音鼓

amponga timpani

鼓

aponga

電子琴

klavie

薩克斯風

saksa

長笛

sodina

麥克風

mikrao

動物園

valan-javaboary

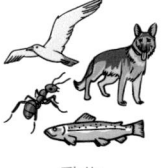

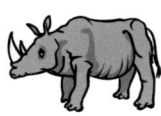

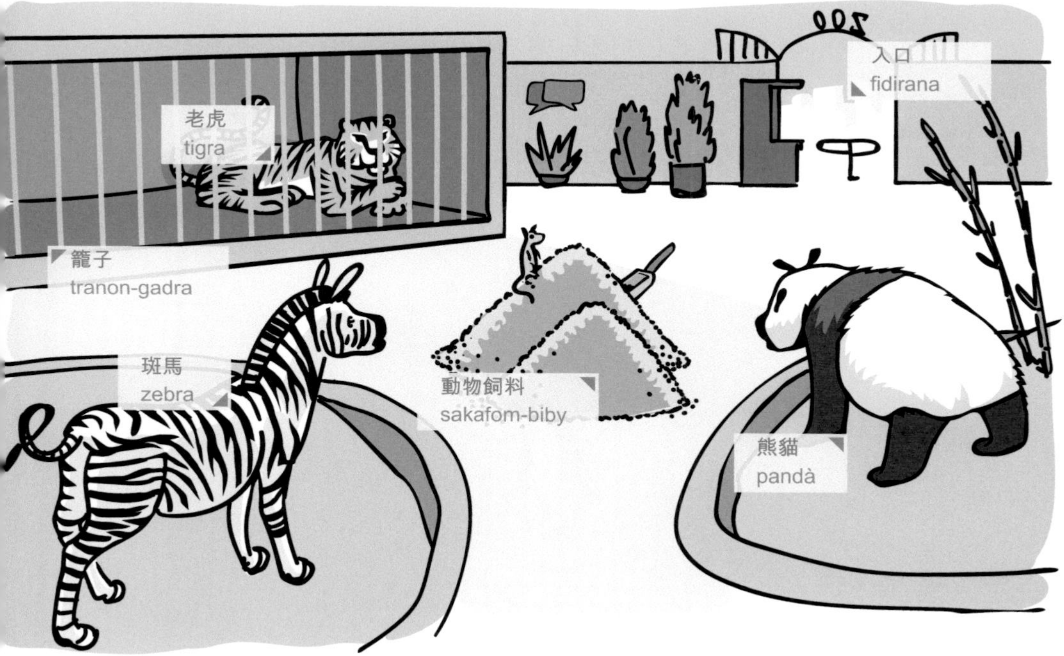

入口
fidirana
老虎
tigra
籠子
tranon-gadra
斑馬
zebra
動物飼料
sakafom-biby
熊貓
pandà

動物

biby

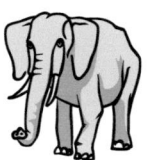

大象

elefanta

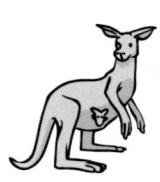

袋鼠

kangoroa

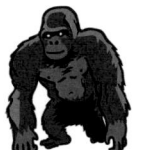

犀牛

rinôserôsy

大猩猩

gôrila

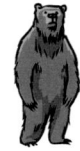

熊

orsa

駱駝

rameva

鴕鳥

aotrisy

獅子

liona

猴子

rajako

紅鶴

sama

鸚鵡

boloky

北極熊

orsa polera

企鵝

pengoa

鯊魚

atsantsa

孔雀

vorombola

蛇

bibilava

鱷魚

voay

動物園管理員

mpiandry valan-javaboary

海豹

fôko

美洲豹

jagoara

矮種馬

poney

豹

leopara

河馬

hipôpôtamo

長頸鹿

zirafa

老鷹

voromahery

野豬

lambo

魚

trondro

龜

sokatra

海象

môrsa

狐狸

renard

羚羊

gazely

橡欖球
Football amerikana

騎腳踏車
hazakazaka am-bisikileta

網球
tennis

籃球
baskety

游泳
lomano

拳擊
boxe

冰球
hockey an-dranomandry

美式足球
baolina kitra

羽毛球
badminton

田徑
atletisma

手球
handball

滑雪
ski

馬球
polo

兆
nitsambikina

笑
mihomehy

擁抱
mamihina

走路
mandeha

唱
mihira

做夢
manonofy

祈禱
mivavaka

親吻
manoroka

書寫
manoratra

畫
manao sary

展示
maneho

推
manosika

給
manome

拿
mandray

有
manana

做
manao

當
mizovy

站
mijoro

跑
mihazakazaka

拉
misintona

丟
manary

摔倒
lavo

躺
mandry

等待
miandry

攜帶
mitondra

坐
mipetraka

穿衣
miakanjo

睡覺
matory

醒來
mifoha

看
mijery

哭
mitomany

擊
fahatapahan'ny lalan-dra

梳頭
fiogo

交談
miresaka

明白
mahay

問
milaza

聽
mihaino

喝
misotro

吃
mihinana

清理
mandamina

愛
mitia

做飯
mahandro

開車
mamily

飛
lalitra

活動 - raharaha

65

航行

miandriaka

計算

mikajy

讀

mamaky

學習

mianatra

工作

miasa

結婚

mivady

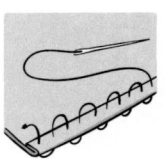

縫

manjaitra

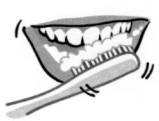

刷牙

miborosy nify

殺

mamono

抽菸

mifoka

寄

mandefa

fianakaviana

祖母
renibe

祖父
dadabe

父親
ray

母親
reny

嬰兒
zaza

女兒
zanaka vavy

兒子
zanaka lahy

客人

vahiny

阿姨

nenitoa

叔叔

dadatoa

兄弟

rahalahy

姐妹

rahavavy

身體

vatana

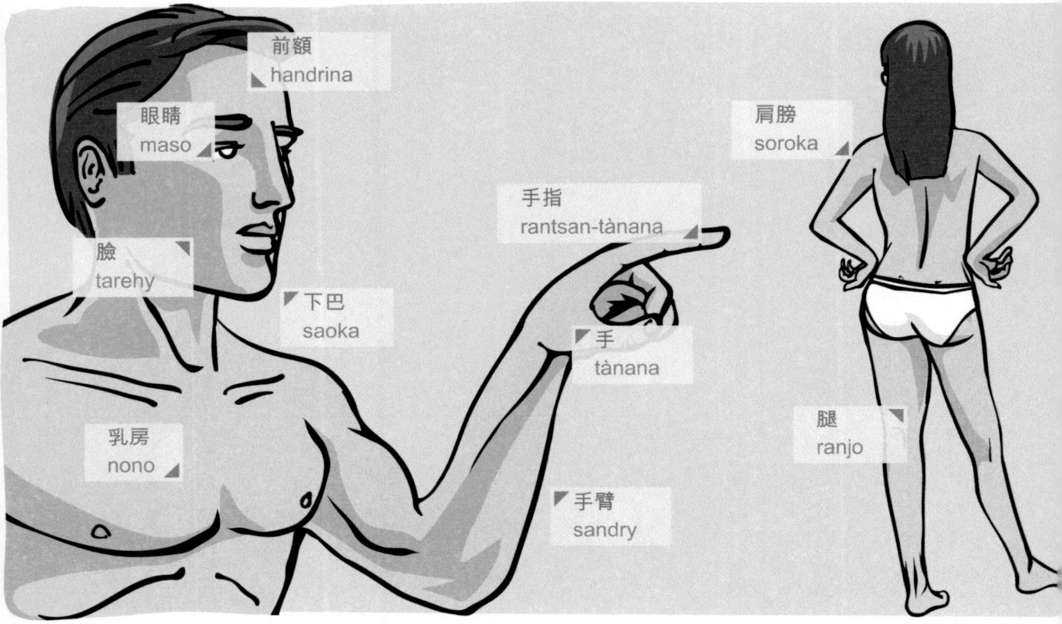

前額
handrina
眼睛
maso
肩膀
soroka
手指
rantsan-tànana
臉
tarehy
下巴
saoka
手
tànana
腿
ranjo
乳房
nono
手臂
sandry

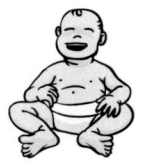

嬰兒

zaza

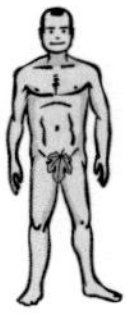

男人

lehilahy

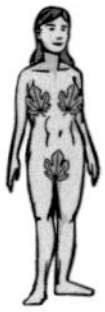

女人

vehivavy

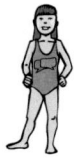

女孩

vavy

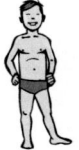

男孩

lahy

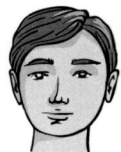

頭

loha

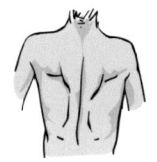

背部

lamosina

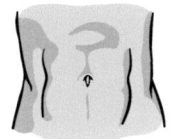

肚子

kibo

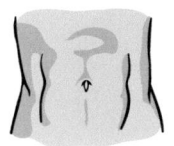

肚臍

foitra

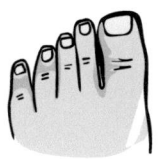

腳趾

rantsan-tongotra

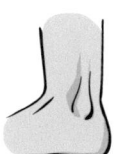

腳後跟

voditongotra

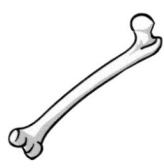

骨頭

taolana

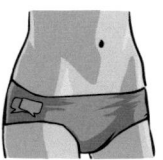

臀部

valahana

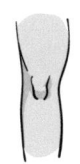

膝蓋

lohalika

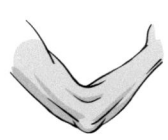

手肘

kiho

鼻子

orona

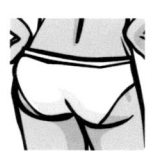

屁股

vody

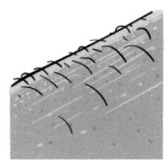

皮膚

hoditra

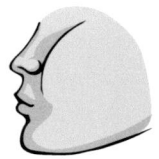

臉頰

takolaka

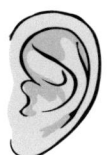

耳朵

sofina

嘴唇

molotra

嘴
vava

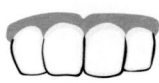

牙齒
nify

舌頭
lela

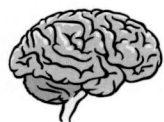

腦
saina

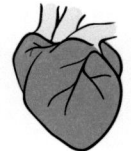

心臟
fo

肌肉
ozatra

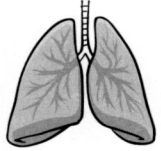

肺
havokavoka

肝臟
aty

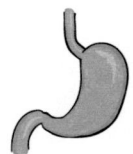

胃
vavony

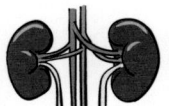

腎臟
voa

性交
firaisana ara-nofo

保險套
fimailo

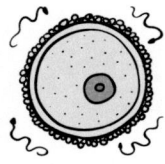

卵子
tsirivavy

精子
ranonaina

懷孕
vohoka

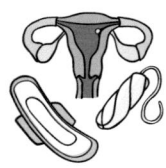

月事

fadimbolana

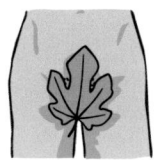

陰道

fivaviana

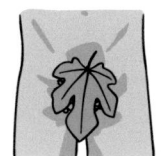

陰莖

filahiana

眉毛

volomaso

頭髮

volo

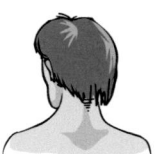

脖子

tenda

醫院

hopitaly

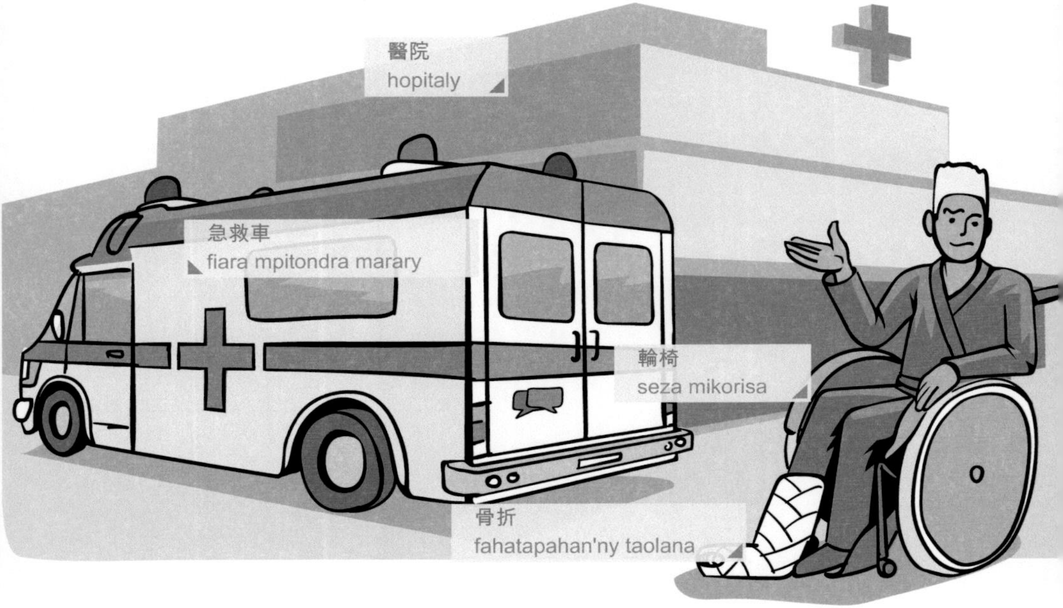

醫院
hopitaly
急救車
fiara mpitondra marary
輪椅
seza mikorisa
骨折
fahatapahan'ny taolana

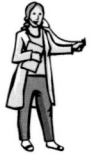

醫師

dokotera

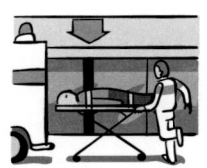

急診室

efitra vonjy taitra

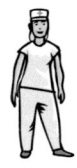

護理師

mpitsabo mpanampy

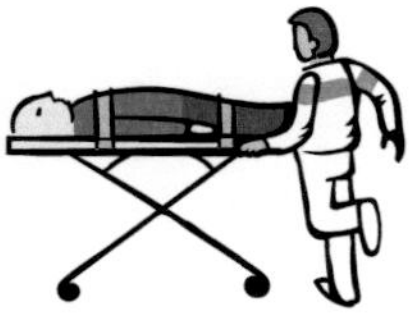

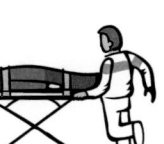

緊急情形

vonjy taitra

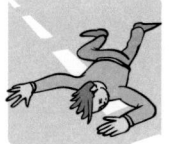

昏迷

tsy mahatsiaro tena

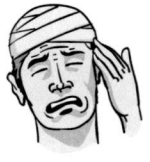

痛

fanaintainana

受傷

faharatràna

出血

mandeha rà

心臟病發作

aretim-po

中風

fahatapahan'ny lalan-dra

過敏

tsy fahazakana sakafo

咳嗽

kohaka

發燒

tazo

流感

gripa

腹瀉

fivalanana

頭痛

aretin'an-doha

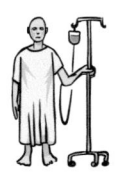

癌症

homamiadana

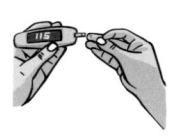

糖尿病

diabeta

外科醫師

dokotera mpandidy

手術刀

antsy fandidiana

手術

fandidiana

電腦斷層掃描
TC

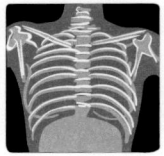

X光
taratra X

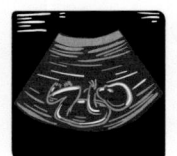

超音波
ekôgrafia

口罩
saron-tava

疾病
aretina

候診室
efitrano fiandrasana

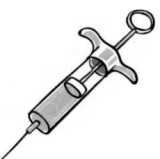

拐杖
tehina

石膏
taha fery

繃帶
bandy

注射
tsindrona

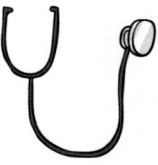

聽診器
stetoskopy

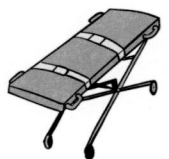

擔架
filanjana marary

體溫計
fitaovana fitsapana hafanana

出生
fahaterahana

超重
hatavezana tafahoatra

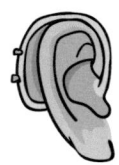

助聽器

fitaovana fandrenesana

消毒液

famonoana mikraoba

感染

fifindràna aretina

病毒

viriosy

愛滋病

VIH / SIDA

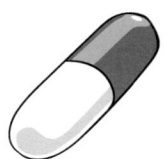

藥物

fitsaboana

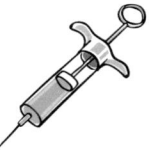

接種疫苗

vaksiny

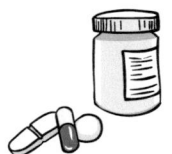

藥片

pilina

藥丸

pilina

急救電話

antso vonjy taitra

血壓計

fitaovana fitsapana tosi-drà

生病/健康

marary / salama

救命！
Vonjeo!

警報
antso fanairana

突擊
herisetra

攻擊
vono

危險
loza

緊急出口
fivoahana raha misy loza

失火了！
Afo!

滅火器
fitaovam-pamonoana afo

意外
loza

急救箱
fitaovam-pitsaboana
vonjimaika

呼救訊號
SOS

員警
pôlisy

歐洲

Eoropa

北美洲

Amerika avaratra

南美洲

Amerika atsimo

非洲

Afrika

亞洲

Azia

澳洲

Aostralia

大西洋

Atlantika

太平洋

Pasifika

印度洋

Ranomasimbe Indiana

南冰洋

Oseana Antarktika

北冰洋

Oseana Arktika

北極

Tendrotany avaratra

南極

Tendrotany atsimo

南極洲

Antarktika

地球

tany

陸地

tany

海

ranomasina

島

nosy

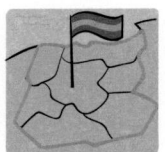

國家

tanindrazana

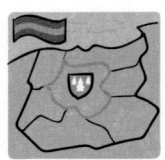

州

firenena

錶盤

tavam-pamantaranandro

時針

tondro ora

分針

tondro minitra

秒針

tondro segondra

現在幾點？

Amin'ny firy izao?

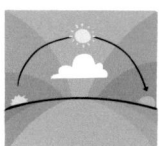

天

andro

時間

fotoana

現在

izao

電子錶

famantaranandro niomerika

分

minitra

時

ora

週

herinandro

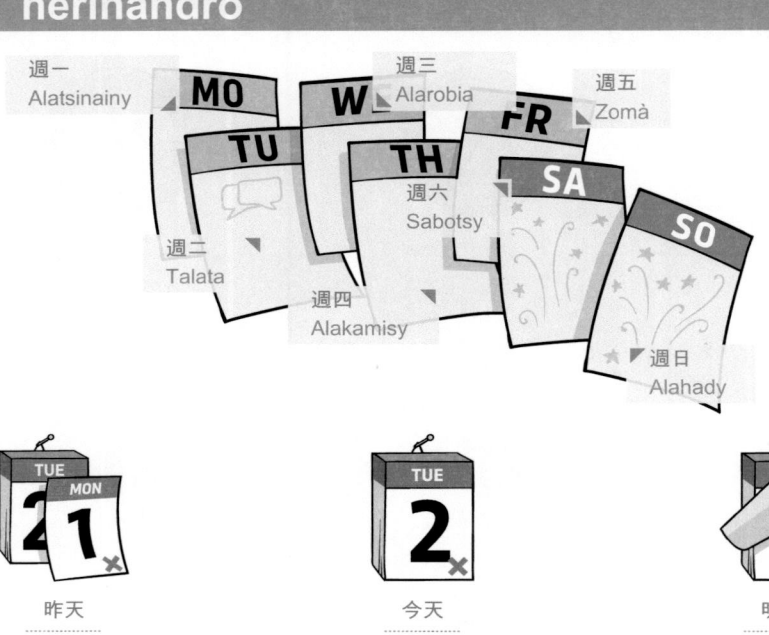

週一 Alatsinainy
週二 Talata
週三 Alarobia
週四 Alakamisy
週五 Zomà
週六 Sabotsy
週日 Alahady

昨天

omaly

今天

androany

明天

ampitso

早晨

maraina

中午

atoandro

晚上

hariva

工作日

adro fiasàna

週末

faran'ny herinandro

雨
▶ orana

彩虹
▶ avana

雪
▶ ranomandry

風
▶ rivotra

春
▶ lohataona

秋
▶ fararano

夏
▶ vanin-taona maina

冬
▶ ririnina

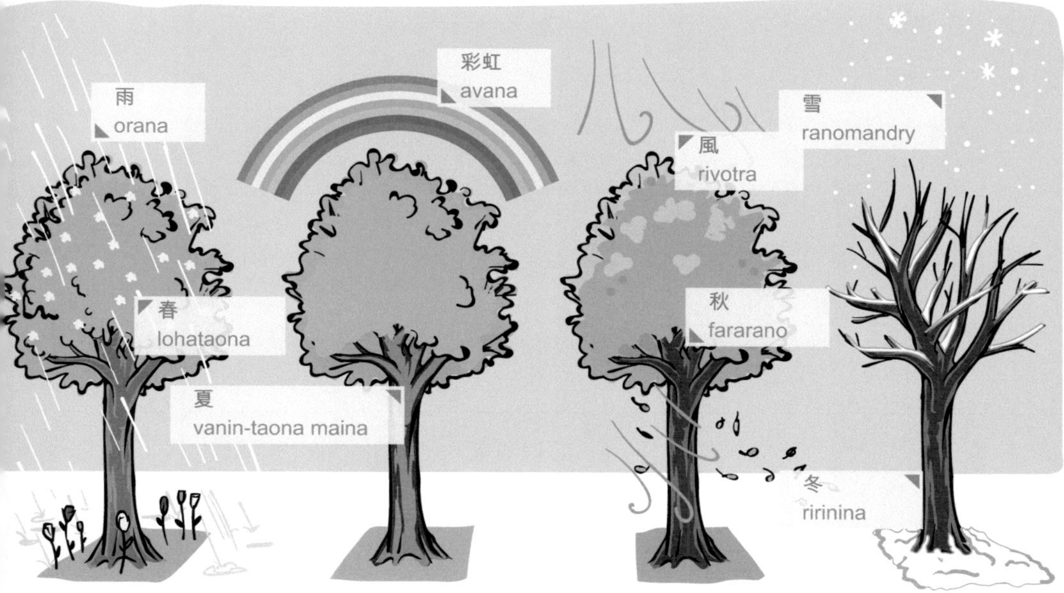

天氣預告

vinavina ara-toetrandro

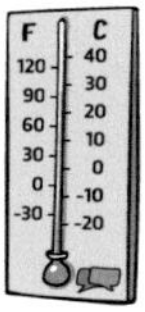

thermomètre

溫度計

陽光

tara-masoandro

雲

rahona

霧

zavona

潮濕

hamandoana

閃電

tselatra

打雷

kotroka

風暴

tafio-drivotra

冰雹

havandra

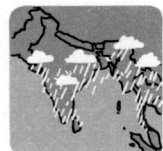

季風

fahavaratra

洪水

tondra-drano

冰

vaingan-drano

一月

Janoary

二月

Febroary

三月

Martsa

四月

Avrila

五月

Mey

六月

Jiona

七月

Jolay

八月

Aogositra

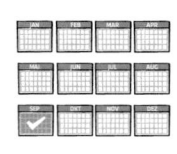

九月

Septambra

十月

Oktobra

十一月

Novambra

十二月

Desambra

圓形

boribory

正方形

efamira

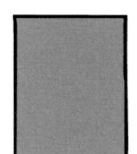

長方形

efajoro

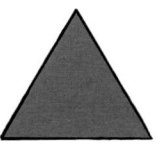

三角形

telozoro

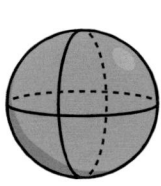

球體

bola

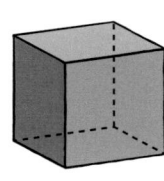

立方體

goba

白

fotsy

黃

mavo

橙

laoranjy

粉

mavokely

紅

mena

紫

voloparasy

藍

manga

綠

maitso

棕

volotany

灰

volondavenona

黑

mainty

很多/少許

betsaka / vitsy

生氣/平靜

tezitra / tony

美/醜

tsara / ratsy

首/尾

fiandohana / fiafarana

大/小

lehibe / kely

明/暗

mazava / maloka

兄弟/姐妹

rahalahy / rahavavy

乾淨/骯髒

madio / maloto

完整/缺失

feno / banga

白天/晚上

andro / alina

死/生

maty / velona

寬/窄

malalaka / tery

可食用/非食用

azo hanina / tsy fihinana

邪惡/善良

tsivalahara / tsara fanahy

興奮/無聊

endratra / sorena

胖/瘦

matavy / mahia

第一/最後

voalohany / farany

朋友/敵人

mpinamana / mpifahavalo

滿/空

feno / foana

硬/軟

mafy / malefaka

重/輕

mavesatra / maivana

餓/渴

noana / mangetaheta

生病/健康

marary / salama

非法/合法

tsy ara-dalàna / ara-dalàna

聰明/愚笨

mahay / vendrana

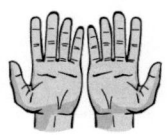

左/右

havia / havanana

近/遠

akaiky / lavitra

新/舊

vaovao / tranainy

沒有/有些

tsy misy / misy

老/幼

antitra / tanora

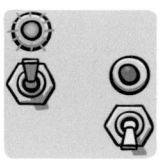

開/關

mandeha / maty

打開/闔上

mivoha / mihidy

安靜/吵鬧

mangina / mitabataba

富/窮

manankarena / mahantra

對/錯

marina / diso

粗糙/光滑

marokoroko / malama

傷心/高興

malahelo / faly

短/長

fohy / lava

慢/快

mora / faingana

濕/乾

mando / maina

溫暖/涼爽

mafana / mangatsiaka

戰爭/和平

ady / fahalemana

反義詞 - teny mifanohitra

0

零

aotra

1

一

iray

2

二

roa

3

三

telo

4

四

efatra

5

五

dimy

6

六

enina

7

七

fito

8

八

valo

9

九

sivy

10

十

folo

11

十一

iraikambinifolo

12

十二

roambinifolo

13

十三

teloambinifolo

14

十四

efatrambinifolo

15

十五

dimiambinifolo

16

十六

eninambinifolo

17

十七

fitoambinifolo

18

十八

valoambinifolo

19

十九

siviambinifolo

20

二十

roapolo

100

百

zato

1.000

千

arivo

1.000.000

百萬

tapitrisa

英語

Anglisy

美式英語

Anglisy amerikana

普通話

Fiteny sinoa mandarina

印地語

Hindi

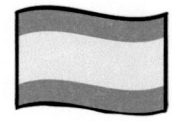

西班牙語

Espaniola

法語

Frantsay

阿拉伯語

Fiteny arabo

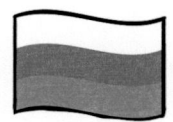

俄語

Fiteny rosiana

葡萄牙語

Portogey

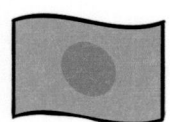

孟加拉語

Bengaly

德語

Alemà

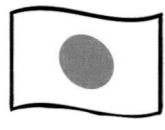

日語

Japoney

我

izaho

你

ianao

他/她/它

izy / io

我們

isika

你們

ianao

他們

zareo

誰？

iza?

什麼？

inona?

如何？

ahoana?

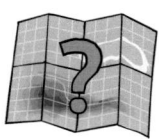

何處？

aiza?

何時？

oviana?

名字

anarana

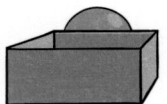

後面

aorina

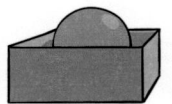

裡面

anaty

前面

anoloana

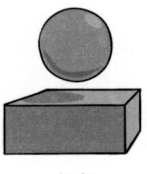

上方

any

上面

ambony

下麵

ambany

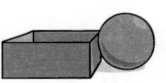

旁邊

ankila

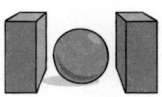

中間

afovoany

地點

toerana